화엄경 제13권 해설

화엄경 제13권에는 광명각품과 보살문명품이 들어있다.

광명각품에서는 부처님께서 두 발바닥 아래서 백천수 광명을 놓으시니 3천 대천세계 백억 염부제·불바제·구야니·울단월·바다·산에서 백억보살이 출가 성도하여 전법륜·열반하는 모습이 나타나니 4천하로부터 색구경천인들이 이를 보고 내려와 10수보살이 각기 온 나라로부터 그 나라 부처님의 이름으로 문안하고 찬탄하였다.(pp.1~6)

먼저 문수가 찬탄하니(pp.7~9) 시방의 문수가 나타나 시방제불을 찬탄하였다.(pp.12~69)

보살문명품께서는 각세계에서 온 10력수행 보살들이 각수보살에게 질문하였다.
　　"심성은 하나인데 어찌하여 갖가지 차별이 있는가?"
하니 각수보살이 노래로 답변했다.(pp.70~74)

또 재수보살에게 "중생이 중생이 아닌데 어찌하여 여래는 때와 장소를 따라 다른 법문을 하는가?" 물으니 재수보살이 노래로 답변하였다.(pp.74~78)

또 보수보살이게 "4대가 무아한데 苦·樂, 正·醜의 과보를 받는 이유가 무엇인가?" 물으니 보수보살이 노래로 대답했다.(pp.78~82)

덕수보살에게 "여래의 깨달음은 하나인데, 어찌하여 諸法이 無量한가?" 물으니 덕수보살이 노래로 대답했다.(pp.82~86)

또 목수보살에게 "여래의 복전은 평등한데 어찌하여 보시의 과보는 다른가?" 물으니 목수보살이 노래로 답변했다.(pp.87~91)

근로보호청 공주가 "풍끄는 한나에게 중점이 정해가 다른가?" 물으니 공수가 그래하였다.(pp.91~95)

또 공주가 보호청에게 "남자의 평등은 정확인 아래에 어떻게 마음을 사로 다른가?" 물으니 뱃사가 그래하였다.(pp.95~99)

지로보호청에게 공수가 "풍병중에서 기생가 하나 지수가 지켜졌에 비로시 · 지계를 가르쳤나?" 하니 사수가 아내사 아이에 들에 그래하였다.(pp.100~103)

또 보호청에게 있는 "남자지 읽도 모세 出離離心하더 아지아 가 세계에서 방정이 다른가?" 물으니 그래하였다.(pp.104~107)

물으로 여러 보호청이 공수부정에게 가지 다른 경계에 대하여 옳음 니 문수가 답하였다.(pp.108~101p)

이것이 보정공덕품이다.

薩 살	億 억	百 백	界 계	百 백		
受 수	大 대	億 억	百 백	億 억	爾 이	光 광
生 생	海 해	瞿 구	億 억	光 광	時 시	明 명
百 백	百 백	耶 야	閻 염	明 명	世 세	覺 각
億 억	億 억	尼 니	浮 부	照 조	尊 존	品 품
菩 보	輪 륜	百 백	提 제	此 차	從 종	
薩 살	圍 위	億 억	百 백	三 삼	兩 양	第 제
出 출	山 산	鬱 울	億 억	千 천	足 족	九 구
家 가	百 백	單 단	弗 불	大 대	輪 륜	
百 백	億 억	越 월	婆 바	千 천	下 하	
億 억	菩 보	百 백	提 리	世 세	放 방	

사경의 공덕은 십만억 부처님께 공양한 것과 같은 공덕이 있습니다.

大方廣佛華嚴經 1

億	他	億	億	彌	輪	如
억	타	억	억	미	륜	여
光	化	兜	三	山	百	來
광	화	도	삼	산	백	래
音	自	率	十	三	億	成
음	자	솔	십	삼	억	성
天	在	天	三	百	如	正
천	재	천	삼	백	여	정
百	天	百	天	億	來	覺
백	천	백	천	억	래	각
億	百	億	百	四	入	百
억	백	억	백	사	입	백
徧	億	化	億	天	涅	億
변	억	화	억	천	열	억
淨	梵	樂	夜	王	槃	如
정	범	락	야	왕	반	여
天	衆	天	摩	衆	百	來
천	중	천	마	중	백	래
百	天	百	天	天	億	轉
백	천	백	천	천	억	전
億	百	億	百	百	須	法
억	백	억	백	백	수	법

사경의 공덕은 십만억 부처님께 공양한 것과 같은 공덕이 있습니다.　　　　　　　大方廣佛華嚴經 2

廣果天百億色究竟天其中所有悉皆明現　如此處見佛世尊坐蓮華藏師子之座十佛刹微塵數菩薩所共圍遶其百億閣浮提中百億如來亦如是坐悉以佛神力故十方各有一大

薩	法	菩	財	曰	數	菩
살	법	보	재	왈	수	보
	首	薩	首	文	諸	薩
	수	살	수	문	제	살
	菩	目	菩	殊	菩	一
	보	목	보	수	보	일
	薩	首	薩	師	薩	一
	살	수	살	사	살	일
	智	菩	寶	利	俱	各
	지	보	보	리	구	각
	首	薩	首	菩	來	與
	수	살	수	보	래	여
	菩	精	菩	薩	詣	十
	보	정	보	살	예	십
	薩	進	薩	覺	佛	佛
	살	진	살	각	불	불
	賢	首	功	首	所	刹
	현	수	공	수	소	찰
	首	菩	德	菩	其	微
	수	보	덕	보	기	미
	菩	薩	首	薩	名	塵
	보	살	수	살	명	진

사경의 공덕은 십만억 부처님께 공양한 것과 같은 공덕이 있습니다.

大方廣佛華嚴經 4

佛불	平평	界계	華화	世세	金금
所소	等등	金금	色색	界계	色색	是시
淨정	色색	剛강	世세	蕃담	世세	諸제
修수	世세	色색	界계	蔔복	界계	菩보
梵범	界계	世세	金금	華화	妙묘	薩살
行행	此차	界계	色색	色색	色색	所소
所소	諸제	玻파	世세	世세	世세	從종
謂위	菩보	瓈려	界계	界계	界계	來래
不부	薩살	色색	寶보	優우	蓮연	國국
動동	各각	世세	色색	鉢발	華화	所소
智지	於어	界계	世세	羅라	色색	謂위

사경의 공덕은 십만억 부처님께 공양한 것과 같은 공덕이 있습니다.

大方廣佛華嚴經

頌	薩		察	勝	智	佛
言	各	爾	智	智	佛	無
	於	時	佛	佛	明	礙
	佛	一		自	相	智
	所	切		在	智	佛
	同	處		智	佛	解
	時	文		佛	究	脫
	發	殊		梵	竟	智
	聲	師		智	智	佛
	說	利		佛	佛	威
		此	菩		觀	最	儀

사경의 공덕은 십만억 부처님께 공양한 것과 같은 공덕이 있습니다.

若於能修若不若
약 어 능 수 약 불 약
於佛見習有著有
어 불 견 습 유 착 유
佛身此得知一見
불 신 차 득 지 일 견
及亦世明如切正
급 역 세 명 여 체 정
法然界了來世覺
법 연 계 료 래 세 각

其當其此體彼解
기 당 기 차 체 피 해
心成心人相非脫
심 성 심 인 상 비 탈
了勝不疾無證離
료 승 불 질 무 증 리
平智搖作所道諸
평 지 요 작 소 도 제
等者動佛有眼漏
등 자 동 불 유 안 루

二	若	無	色	若	世	而
이	약	무	색	약	세	이
念	見	住	受	及	能
념	견	주	수	능	급	능
不	佛	無	無	如	出	善
불	불	무	무	여	출	선
現	及	所	有	是	世	知
현	급	소	유	시	세	지
前	身	入	數	知	見	法
전	신	입	수	지	견	법

當	平	當	想	當	一	當
당	평	당	상	당	일	당
踐	等	成	行	作	切	成
천	등	성	행	작	체	성
難	而	難	識	大	皆	大
난	이	난	식	대	개	대
思	安	遇	亦	牟	超	光
사	안	우	역	모	초	광
位	住	者	然	尼	越	耀
위	주	자	연	니	월	요

사경의 공덕은 십만억 부처님께 공양한 것과 같은 공덕이 있습니다.

若於一切智 心無所有
見衆生心無
若得如是智
衆生得如是智
一若中解無量
了彼互解生起
爾時光明過

發當亦當無此
生獲復成量世
大有無成中界
廻名無上解無
向稱壞道一所
心畏照

大方廣佛華嚴經

藏장		皆개	百백	界계	維유	東동
師사	如여	明명	億억	中중	上상	方방
子자	此차	現현	色색	皆개	下하	十십
之지	處처		究구	有유	亦역	佛불
座좌	見견		竟경	百백	復부	國국
十십	佛불		天천	億억	如여	土토
佛불	世세		其기	閻염	是시	南남
刹찰	尊존		中중	浮부	彼피	西서
微미	坐좌		所소	提제	一일	北북
塵진	蓮연		有유	乃내	一일	方방
數수	華화		悉실	至지	世세	四사

사경의 공덕은 십만억 부처님께 공양한 것과 같은 공덕이 있습니다.

菩	中	來	十	與	來	師
보	중	래	시	여	래	사
薩	各	亦	方	十	詣	利
살	각	역	방	십	예	리
所	有	如	各	佛	佛	等
소	유	여	각	불	불	등
共	百	是	有	刹	所	所
공	백	시	유	찰	소	소
圍	億	坐	一	微	其	從
위	억	좌	일	미	기	종
遶	閻	悉	大	塵	大	來
요	염	실	대	진	대	래
彼	浮	以	菩	數	菩	國
피	부	이	보	수	보	국
一	提	佛	薩	諸	薩	謂
일	제	불	살	제	살	위
一	百	神	一	菩	謂	金
일	백	신	일	보	위	금
世	億	力	一	薩	文	色
세	억	력	일	살	문	색
界	如	故	各	俱	殊	世
계	여	고	각	구	수	세

為	衆	頌	薩		來	界
위	중	송	살		래	계
彼	生	言	各	爾	等	等
피	생	언	각	이	등	등
求	無		於	時		本
구	무		어	시		본
菩	智		佛	一		所
보	지		불	일		소
提	慧		所	切		事
리	혜		소	체		사
			同	處		佛
			동	처		불
諸	愛		時	文		謂
제	애		시	문		위
佛	刺		發	殊		不
불	자		발	수		부
法	所		聲	師		動
법	소		성	사		동
如	傷		說	利		智
여	상		설	리		지
是	毒		此	菩		如
시	독		차	보		여

사경의 공덕은 십만억 부처님께 공양한 것과 같은 공덕이 있습니다.

以이	光광	導도	爲위	不불	道도	普보
彼피	中중	師사	度도	可가	成성	見견
智지	演연	降항	諸제	思사	永영	於어
慧혜	妙묘	衆중	衆중	議의	不불	諸제
心심	義의	魔마	生생	劫겁	退퇴	法법

破파	慈자	勇용	此차	精정	轉전	二이
諸제	悲비	健건	是시	進진	此차	邊변
煩번	故고	無무	大대	修수	無무	皆개
惱뇌	如여	能능	仙선	諸제	等등	捨사
障장	是시	勝승	力력	行행	輪륜	離리

사경의 공덕은 십만억 부처님께 공양한 것과 같은 공덕이 있습니다.

憶	諸	於	不	咸	擊	一
念	佛	有	壞	令	于	念
生	如	無	無	向	正	見
歡	虛	所	邊	菩	法	一
喜	空	著	境	提	鼓	切

彼	究	彼	而	自	覺	此
諸	竟	自	遊	在	寤	是
願	常	在	諸	力	十	佛
具	淸	如	億	能	方	神
足	淨	佛	刹	爾	刹	力

사경의 공덕은 십만억 부처님께 공양한 것과 같은 공덕이 있습니다.

上 상	東 동		無 무	不 불	爲 위	一 일
下 하	方 방		爾 이	我 아	惜 석	度 도	一 일
亦 역	百 백	時 시	心 심	於 어	衆 중	地 지
復 부	世 세	光 광	調 조	身 신	生 생	獄 옥
如 여	界 계	明 명	柔 유	命 명	故 고	中 중
是 시	南 남	過 과				
彼 피	西 서	十 십	能 능	常 상	而 이	經 경
諸 제	北 북	世 세	得 득	護 호	能 능	於 어
世 세	方 방	界 계	如 여	諸 제	忍 인	無 무
界 계	四 사	徧 변	來 래	佛 불	是 시	量 량
中 중	維 유	照 조	道 도	法 법	苦 고	劫 겁

사경의 공덕은 십만억 부처님께 공양한 것과 같은 공덕이 있습니다.

菩薩一一各與十佛刹微塵
以佛神力故十方各有十佛刹
刹微塵數菩薩所共圍遶
來坐蓮華藏師子之座
現彼一一閻浮提中悉見如
色究竟天其中所有悉皆明
皆有百億閻浮提乃至百億

사경의 공덕은 십만억 부처님께 공양한 것과 같은 공덕이 있습니다.

數諸菩薩俱來詣佛所
수제보살구래예불소

其大菩薩謂文殊師利等
기대보살위문수사리등

所從來國謂金色世界等本
소종래국위금색세계등본

所事佛謂不動智如來等
소사불위부동지여래등

爾時一切處文殊師利菩
이시일체처문수사리보

薩各於佛所同時發聲說此
살각어불소동시발성설차

頌言
송언

사경의 공덕은 십만억 부처님께 공양한 것과 같은 공덕이 있습니다.

佛불	心심	或혹	住주	或혹	念염	或혹
了료	淨정	有유	是시	見견	慧혜	見견
法법	離리	見견	最최	經경	皆개	紺감
如여	衆중	初초	後후	行행	善선	靑청
幻환	著착	生생	身신	時시	巧교	目목

通통	調조	妙묘	永영	具구	丈장	觀관
達달	伏복	色색	作작	無무	夫부	察찰
無무	諸제	如여	人인	量량	師사	於어
障장	群군	金금	中중	功공	子자	十시
礙애	生생	山산	月월	德덕	步보	方방

사경의 공덕은 십만억 부처님께 공양한 것과 같은 공덕이 있습니다.

到	或	修	或	示	或	有
도	혹	수	혹	시	혹	유
功	見	治	有	現	見	時
공	견	치	유	현	견	시
德	坐	諸	見	最	師	現
덕	좌	제	견	최	사	현
彼	道	佛	出	後	子	戲
피	도	불	출	후	자	희
岸	場	行	家	生	吼	笑
안	량	행	가	생	후	소

癡	覺	常	解	所	殊	爲
치	각	상	해	소	수	위
暗	知	樂	脫	說	勝	順
암	지	락	탈	설	승	순
煩	一	觀	一	無	無	衆
번	일	관	일	무	무	중
惱	切	寂	切	非	比	生
뇌	체	적	체	비	비	생
盡	法	滅	縛	實	身	欲
진	법	멸	박	실	신	욕

사경의 공덕은 십만억 부처님께 공양한 것과 같은 공덕이 있습니다.

或혹	轉전	或혹	超초	或혹	種종	
見견	於어	見견	一일	見견	種종	爾이
勝승	妙묘	師사	切체	心심	現현	時시
丈장	法법	子자	世세	寂적	神신	光광
夫부	輪륜	吼후	間간	靜정	通통	明명
						過과
具구	度도	威위	神신	如여	十십	百백
足족	無무	光광	通통	世세	力력	世세
大대	量량	最최	力력	燈등	能능	界계
悲비	衆중	殊수	無무	永영	如여	徧변
心심	生생	特특	等등	滅멸	是시	照조

東	上	中	億	明		來
방	상	중	억	명		래
方	下	皆	色	現	彼	坐
방	하	개	색	현	피	좌
千	亦	有	究		一	蓮
천	역	유	구		일	연
世	復	百	竟		一	華
세	부	백	경		일	화
界	如	億	天		閻	藏
계	여	억	천		염	장
南	是	閻	其		浮	師
남	시	염	기		부	사
西	彼	浮	中		提	子
서	피	부	중		제	자
北	一	提	所		中	之
북	일	제	소		중	지
方	一	乃	有		悉	座
방	일	내	유		실	좌
四	世	至	悉		見	十
사	세	지	실		견	십
維	界	百	皆		如	佛
유	계	백	개		여	불

사경의 공덕은 십만억 부처님께 공양한 것과 같은 공덕이 있습니다.

事	從	其	微	一		刹
사	종	기	미	일		찰
佛	來	大	塵	大	悉	微
불	래	대	진	대	실	미
謂	國	菩	數	菩	以	塵
위	국	보	수	보	이	진
不	謂	薩	諸	薩	佛	數
부	위	살	제	살	불	수
動	金	謂	菩	一	神	菩
동	금	위	보	일	신	보
智	色	文	薩	一	力	薩
지	색	문	살	일	력	살
如	世	殊	俱	各	故	所
여	세	수	구	각	고	소
來	界	師	來	與	十	共
래	계	사	래	여	시	공
等	等	利	詣	十	方	圍
등	등	리	예	십	방	위
	本	等	佛	佛	各	遶
	본	등	불	불	각	요
	所	所	所	刹	有	
	소	소	소	찰	유	

薩爾頌佛衆我云
각이언송불중아운
於時各於生性何
어시각어생성하
甚時於不未諸
심시어불미제
深佛能曾如
심불능증여
法所了有來
법소료유래

同處
동처

通次我而文
통차아이문
達第所得殊
달제소득수
無爲亦有師
무위역유사
與開空其利
여개공기리
等示寂身菩
등시적신보

時發聲說此
시발성설차

體離其數佛世解
性一性法非間脫
常切本不世諸明
不妄空能間因行
動念寂成蘊量者

無無內故界求無
我等外號處過數
無法俱人生不無
來如解師死可等
去是脫子法得倫

如 여	種 종	而 이	不 부	其 기	常 상	而 이
來 래	種 종	能 능	作 작	心 심	樂 락	能 능
不 불	諸 제	了 료	諸 제	不 부	觀 관	寤 오
分 분	衆 중	無 무	衆 중	增 증	寂 적	世 세
別 별	生 생	礙 애	生 생	減 감	滅 멸	間 간

度 도	流 유	善 선	業 업	現 현	一 일	無 무
脫 탈	轉 전	逝 서	報 보	無 무	相 상	邊 변
無 무	於 어	法 법	因 인	量 량	無 무	悉 실
邊 변	十 시	如 여	緣 연	神 신	有 유	調 조
類 류	方 방	是 시	行 행	力 력	二 이	伏 복

사경의 공덕은 십만억 부처님께 공양한 것과 같은 공덕이 있습니다.

（Reading in columns right-to-left:）

諸佛眞金色 非有徧諸法 有無悉滅寂說爲 照徧法界 過世明光時爾衆生 隨 東方十千世界 南西北方四維上下亦復如是 彼一一世界中 各有百億閻浮提 乃至百億色究竟天 其中所有 悉皆…

사경의 공덕은 십만억 부처님께 공양한 것과 같은 공덕이 있습니다.

皆見十遶一微
明如十佛塵
現來佛數
彼坐刹諸
一蓮微薩
一華塵菩
閻藏數一一神薩
浮師菩一力俱
提子薩力故來
中之所與詣
悉座圍共十十
方佛
各佛
有刹所

사경의 공덕은 십만억 부처님께 공양한 것과 같은 공덕이 있습니다.

大方廣佛華嚴經 27

其 기	從 종	事 사		薩 살	頌 송	發 발
大 대	來 래	爾 이		各 각	言 언	起 기
菩 보	國 국	謂 위	時 시	於 어		大 대
薩 살	不 부	一 일	佛 불			悲 비
謂 위	金 금	動 동	切 체	所 소		心 심
文 문	色 색	智 지	處 처	同 동		
殊 수	世 세	如 여	文 문	時 시		救 구
師 사	界 계	來 래	殊 수	發 발		護 호
利 리	等 등	等 등	師 사	聲 성		諸 제
等 등	本 본		利 리	說 설		衆 중
所 소	所 소		菩 보	此 차		生 생

사경의 공덕은 십만억 부처님께 공양한 것과 같은 공덕이 있습니다.

晝 주	一 일	住 주	志 지	親 친	意 의	永 영
夜 야	切 체	於 어	樂 락	近 근	常 상	出 출
無 무	威 위	淸 청	佛 불	諸 제	信 신	人 인
暫 잠	儀 의	凉 량	功 공	如 여	樂 락	天 천
斷 단	中 중	慧 혜	德 덕	來 래	佛 불	衆 중
如 여	常 상	如 여	其 기	如 여	其 기	如 여
是 시	念 념	是 시	心 심	是 시	心 심	是 시
業 업	佛 불	業 업	永 영	業 업	不 불	業 업
應 응	功 공	應 응	不 불	應 응	退 퇴	應 응
作 작	德 덕	作 작	退 퇴	作 작	轉 전	作 작

사경의 공덕은 십만억 부처님께 공양한 것과 같은 공덕이 있습니다.

觀常觀離等入悉
無無身我觀於擧
邊厭如無眾真無
三倦實我生實邊
世心相著心境界

學如一如不如普
彼是切是起是飮
佛業皆業諸業一
功應寂應分應切
德作滅作別作海

此 차	思 사	一 일	十 시	悉 실	照 조
神 신	惟 유	切 체	方 방	能 능	東 동
通 통	諸 제	悉 실	國 국	知 지	方 방
智 지	國 국	能 능	土 토	其 기	百 백
力 력	土 토	知 지	塵 진	數 수	千 천
				過 과	世 세
如 여	色 색	如 여	一 일	十 십	界 계
是 시	與 여	是 시	塵 진	千 천	南 남
業 업	非 비	業 업	爲 위	業 업	世 세
應 응	色 색	應 응	一 일	應 응	界 계
作 작	相 상	作 작	佛 불	作 작	編 변	方 방

사경의 공덕은 십만억 부처님께 공양한 것과 같은 공덕이 있습니다.

四維上下 亦復如是 彼一
世界中 皆有百億 閻浮提
至百億色究竟天 其中所有
悉皆明現 彼蓮華藏
悉皆見如來坐
座十佛刹微塵數菩薩所共
圍遶

一微其從事
悉微塵大其從事爾
以大菩來佛時
佛薩諸菩國謂一
神薩一菩薩不切
力一薩文金動處
故一俱殊世如文
十各來師界來殊
方與詣等等師
各十佛等本利
刹佛佛所所所菩
有

薩各於佛所同時發聲說此
頌言

若以見威德
而見人眼中
是爲顚倒見
彼不能知最勝法
如來色形諸相等

一切世間莫能思量測

億那由劫共無邊量

色相威德轉無體

如來非以德相爲相

但是無相寂滅法

身相威儀悉具足

世間隨樂皆得見

사경의 공덕은 십만억 부처님께 공양한 것과 같은 공덕이 있습니다.

佛	一	非	體	佛	非	得
法	切	是	性	身	是	自
微	言	和	寂	無	蘊	在
妙	說	合	滅	生	聚	力
難	莫	非	無	超	差	決
可	能	不	諸	戲	別	定
量	及	合	相	論	法	見

了요	一일	智지	意의	永영	身신	
知지	身신	眼안	淨정	劫겁	心심	
諸제	爲위	靡미	光광	住주	悉실	所소
世세	無무	不부	明명	正정	平평	行행
間간	量량	周주	者자	念념	等등	無무
						畏외
現현	無무	廣광	所소	無무	內내	離리
形형	量량	大대	行행	著착	外외	言언
徧변	復부	利리	無무	無무	皆개	道도
一일	爲위	衆중	染염	所소	解해	
切체	一일	生생	著착	繫계	脫탈	

사경의 공덕은 십만억 부처님께 공양한 것과 같은 공덕이 있습니다.

此身無所從
眾生分別故
心分別世間
如來知此法
爾時光明過
照東方百萬世界
四維上下亦復如是

見佛所有身
心無種種積聚

彼一一方
百千世界編
如是如是

사경의 공덕은 십만억 부처님께 공양한 것과 같은 공덕이 있습니다.

	圍 위	座 좌	悉 실	悉 실	至 지	世 세
悉 실	遶 요	十 십	見 견	皆 개	百 백	界 계
以 이		佛 불	如 여	明 명	億 억	中 중
佛 불		刹 찰	來 래	現 현	色 색	皆 개
神 신		微 미	坐 좌	彼 피	究 구	有 유
力 력		塵 진	蓮 연	一 일	竟 경	百 백
故 고		數 수	華 화	一 일	天 천	億 억
十 시		菩 보	藏 장	閻 염	其 기	閻 염
方 방		薩 살	師 사	浮 부	中 중	浮 부
各 각		所 소	子 자	提 제	所 소	提 제
有 유		共 공	之 지	中 중	有 유	乃 내

사경의 공덕은 십만억 부처님께 공양한 것과 같은 공덕이 있습니다.

一微塵中에 大菩薩衆이 諸菩薩薩과 一一菩薩이 各各與十佛刹

微塵數諸菩薩와 俱하야 來詣佛所하니

其大國土에 謂金色世界等이요 本所

從來는 謂不動智佛等이며

事佛로서 謂文殊師利等이라

爾時에 一切處文殊師來等이

各各於一切處에 同時에 發聲하야 說此

菩薩이 各各於時에

頌	如	眞	無	體	光	不
송	여	구	무	체	광	부
言	來	一	染	性	明	動
언	래	일	염	성	명	동
	最	切	無	不	徧	離
	최	체	무	불	변	리
	自	功	所	可	淸	二
	자	공	소	가	청	이
	在	德	著	量	淨	邊
	재	덕	착	량	정	변

超	度	無	見	塵	此
초	도	무	견	진	차
世	脫	想	者	累	是
세	탈	상	자	루	시
無	於	無	咸	悉	如
무	어	무	함	실	여
所	諸	依	稱	蠲	來
소	제	의	칭	견	래
依	有	止	歎	滌	智
의	유	지	탄	척	지

사경의 공덕은 십만억 부처님께 공양한 것과 같은 공덕이 있습니다.

若	則	一	無	於	不	了
약	칙	일	무	어	불	요
有	於	切	性	法	生	知
유	어	체	성	법	생	지
見	一	世	無	無	分	差
견	일	세	무	무	분	차
如	切	間	所	疑	別	別
여	체	간	소	의	별	별
來	法	中	轉	惑	心	法
래	법	중	전	혹	심	법

身	永	處	導	永	是	不
신	영	처	도	영	시	불
心	出	處	師	絕	念	著
심	출	처	사	절	념	착
離	諸	轉	方	諸	佛	於
리	제	전	방	제	불	어
分	疑	法	便	戲	菩	言
분	의	법	편	희	보	언
別	滯	輪	說	論	提	說
별	체	륜	설	론	리	설

사경의 공덕은 십만억 부처님께 공양한 것과 같은 공덕이 있습니다.

사경의 공덕은 십만억 부처님께 공양한 것과 같은 공덕이 있습니다.

照 조	四 사	世 세	至 지	悉 실	各 각
爾 이	東 동	維 유	界 계	皆 개	見 견
時 시	方 방	上 상	中 중	明 명	如 여
光 광	一 일	下 하	皆 개	現 현	來 래
明 명	億 억	亦 역	有 유	彼 피	坐 좌
過 과	世 세	復 부	百 백	一 일	蓮 연
百 백	界 계	如 여	億 억	天 천	華 화
萬 만	南 남	是 시	閻 염	其 기	藏 장
世 세	西 서	彼 피	浮 부	中 중	師 사
界 계	北 북	一 일	提 제	所 소	子 자
徧 변	方 방	一 일	乃 내	有 유	之 지

사경의 공덕은 십만억 부처님께 공양한 것과 같은 공덕이 있습니다.

座十佛刹微塵數菩薩所共圍遶悉以佛神力故十方各一一世界海微塵數諸菩薩俱各與十方各一佛刹微塵數諸菩薩俱來詣佛所謂文殊師利等菩薩等本所從來國謂金色世界等

사경의 공덕은 십만억 부처님께 공양한 것과 같은 공덕이 있습니다.

			頌	薩		事
			言	各	爾	佛
壽	超	智		於	時	謂
量	諸	慧		佛	一	不
光	有	無		所	切	動
明	海	等		同	處	智
悉	到	法		時	文	如
無	彼	無		發	殊	來
比	岸	邊		聲	師	等
					利	說
					菩	此

사경의 공덕은 십만억 부처님께 공양한 것과 같은 공덕이 있습니다.

此 차	所 소	常 상	雖 수	此 차	樂 낙	普 보
功 공	有 유	觀 관	緣 연	觀 관	觀 관	見 견
德 덕	佛 불	三 삼	境 경	思 사	衆 중	諸 제
者 자	法 법	世 세	界 계	者 자	生 생	趣 취
方 방	皆 개	無 무	不 불	方 방	無 무	無 무
便 편	明 명	厭 염	分 분	便 편	生 생	趣 취
力 력	了 료	倦 권	別 별	力 력	想 상	想 상

사경의 공덕은 십만억 부처님께 공양한 것과 같은 공덕이 있습니다.

恒住禪寂不繫心
此無礙慧寂不方便力
善巧通達一方便力
正念勤修涅槃道
樂於寂滅解脫人方便力不平
此寂滅人方便力
有能勸向佛菩提

사경의 공덕은 십만억 부처님께 공양한 것과 같은 공덕이 있습니다.

此自在修方便力
차자재수방편력

一切處行悉已臻
일체처행실이진

廣大智慧無所礙
광대지혜무소애

佛所說法皆隨入
불소설법개수입

此住佛眾心方便力
차주불중심방편력

善化眾生入於諦
선화중생입어체

趣如法界一切智
취여법계일체지

恒住涅槃 如虛空
隨心化現 靡不周
此依無相 而爲相
到難到者 方便力
畫夜日月 及年劫 成壞相
世界始終 成壞相
如是憶念 悉了知

此時數智方便力
차시수지방편력

一切衆生有生滅
일체중생유생멸

色與非色想非想
색여비색상비상

所有名字悉了知
소유명자실료지

此住難思方便力
차주난사방편력

過去現在未來世
과거현재미래세

所有言說皆能了
소유언설개능료

照爾時此光明過一世界一億世界便力悉平等

四維上下亦復如是彼一一方編

世界中皆有百億閻浮提乃

至百億色究竟天其中所有

東方十億明

사경의 공덕은 십만억 부처님께 공양한 것과 같은 공덕이 있습니다.

微一　圍座悉悉
塵大悉遶十見皆
數菩以　佛如明
諸薩佛　刹來現
菩一神　微坐彼
薩一力　塵蓮一
俱各故　數華一
來與十　菩藏閻
詣十方　薩師浮
佛佛各　所子提
所刹有　共之中

사경의 공덕은 십만억 부처님께 공양한 것과 같은 공덕이 있습니다.

其從事薩頌
大來　爾各言
菩國謂時於廣
薩謂不一　大
謂金動切佛苦
文色　處所行
殊世智如文　皆
師界　來殊　修
利等等　師　習
等本　　發
所所　　利聲
　　　菩　說
　　　　此

日 일	已 이	普 보	衆 중	無 무	至 지	誓 서
夜 야	度 도	化 화	生 생	明 명	仁 인	亦 역
精 정	難 난	衆 중	流 류	網 망	勇 용	當 당
勤 근	度 도	生 생	轉 전	覆 부	猛 맹	然 연
無 무	師 사	是 시	愛 애	大 대	悉 실	是 시
厭 염	子 자	其 기	欲 욕	憂 우	斷 단	其 기
怠 태	吼 후	行 행	海 해	迫 박	除 제	行 행

사경의 공덕은 십만억 부처님께 공양한 것과 같은 공덕이 있습니다.

世間放逸著五欲 不實分別受眾苦
奉行佛教常攝心 誓度眾生著於我
眾生其邊際不可得
求其邊際不可得
普事如來獲妙法

사경의 공덕은 십만억 부처님께 공양한 것과 같은 공덕이 있습니다.

爲彼宣說是其所纏其行

衆生無怙病所纏其行

常淪惡趣起三毒熱

大火猛焰燒燒其行

淨心度彼是恒其行

衆生迷惑失正道

常行邪徑入闇宅

衆生無知不見本
皆令得度是其行
爲彼興造大法船
憂難無涯不可處
衆生漂溺諸有海
永作照明其其行
爲彼大然正法燈

誓 서	修 수	老 노	見 견	正 정	佛 불	迷 미
當 당	諸 제	病 병	諸 제	念 념	哀 애	惑 혹
悉 실	方 방	死 사	衆 중	令 령	愍 민	癡 치
度 도	便 편	苦 고	生 생	昇 승	彼 피	狂 광
是 시	無 무	常 상	在 재	是 시	建 건	險 험
其 기	限 한	逼 핍	險 험	其 기	法 법	難 난
行 행	量 량	迫 박	道 도	行 행	橋 교	中 중

사경의 공덕은 십만억 부처님께 공양한 것과 같은 공덕이 있습니다.

百(백) 千(천) 億(억) 世(세) 界(계) 那(나) 由(유) 他(타) 億(억) 世(세) 界(계)

照(조) 東(동) 方(방) 百(백) 億(억) 世(세) 界(계) 千(천) 億(억) 世(세) 界(계)

爾(이) 時(시) 光(광) 明(명) 過(과) 十(십) 億(억) 世(세) 界(계) 徧(변)

普(보) 救(구) 群(군) 迷(미) 是(시) 其(기) 行(행)

隨(수) 形(형) 六(육) 道(도) 徧(변) 十(십) 方(방)

了(요) 性(성) 空(공) 寂(적) 不(불) 驚(경) 怖(포)

聞(문) 法(법) 信(신) 解(해) 無(무) 疑(의) 惑(혹)

사경의 공덕은 십만억 부처님께 공양한 것과 같은 공덕이 있습니다.

復부	世세	不불	可가	如여	億억	百백
如여	界계	可가	數수	是시	世세	那나
是시	南남	說설	不불	無무	界계	由유
彼피	西서	盡진	可가	數수	百백	他타
一일	北북	法법	稱칭	無무	千천	億억
一일	方방	界계	不불	量량	那나	世세
世세	四사	虛허	可가	無무	由유	界계
界계	維유	空공	思사	邊변	他타	千천
中중	上상	界계	不불	無무	億억	那나
皆개	下하	所소	可가	等등	世세	由유
有유	亦역	有유	量량	不불	界계	他타

사경의 공덕은 십만억 부처님께 공양한 것과 같은 공덕이 있습니다.

一大菩薩一一各與十方佛刹

塵悉以佛神力故十方各有

蓮數菩薩所共圍遶

華藏師子之座

一一閻浮提中悉見如來坐

竟天其中浮提所有悉皆明現

百億閻浮提乃至百億色究

사경의 공덕은 십만억 부처님께 공양한 것과 같은 공덕이 있습니다.

頌 송	薩 살		事 사	從 종	其 기	微 미
言 언	各 각	爾 이	佛 불	來 래	大 대	塵 진
	於 어	時 시	謂 위	國 국	菩 보	數 수
	佛 불	一 일	不 부	謂 위	薩 살	諸 제
	所 소	切 체	動 동	金 금	謂 위	菩 보
	同 동	處 처	智 지	色 색	文 문	薩 살
	時 시	文 문	如 여	世 세	殊 수	俱 구
	發 발	殊 수	來 래	界 계	師 사	來 래
	聲 성	師 사	等 등	等 등	利 리	詣 예
	說 설	利 리		本 본	等 등	佛 불
	此 차	菩 보		所 소	所 소	所 소

사경의 공덕은 십만억 부처님께 공양한 것과 같은 공덕이 있습니다.

一	無	如	超	十	永	普
일	무	여	초	시	영	보
念	去	是	諸	方	離	詣
념	거	시	제	방	리	예
普	無	了	無	無	諸	一
보	무	료	방	무	제	일
觀	來	知	便	比	難	切
관	래	지	편	비	난	체
無	亦	三	成	善	常	國
무	역	삼	성	선	상	국
量	無	世	十	名	歡	土
량	무	세	십	명	환	토
劫	住	事	力	稱	喜	中
겁	주	사	력	칭	희	중

사경의 공덕은 십만억 부처님께 공양한 것과 같은 공덕이 있습니다.

廣 광	爲 위	如 여	於 어	徧 변	從 종	入 입
爲 위	利 리	其 기	一 일	十 시	初 초	深 심
宣 선	衆 중	意 의	切 체	方 방	供 공	禪 선
揚 양	生 생	獲 획	法 법	中 중	佛 불	定 정
如 여	供 공	相 상	悉 실	現 현	意 의	觀 관
是 시	養 양	似 사	順 순	神 신	柔 유	法 법
法 법	果 과	知 지	力 력	忍 인	性 성

사경의 공덕은 십만억 부처님께 공양한 것과 같은 공덕이 있습니다.

普勸衆生發無上道心
以此速成無異果
十方此求法情無上異
爲修功德令滿足
有無二相悉滅除
此人於佛爲眞見
普往十方諸國土

廣說妙法 興義利
住於實際 不動搖佛
此人功德 同於佛
如來所 轉妙法輪
一切皆是 菩提分
若能聞已 悟法性
如是之人 常見佛

佛身無礙徧十方　十方內外難盡見
眾生隨業種種別　畢竟離著乃能見
分別取相不見佛　雖見非見如盲觀
不見十方空如幻

菩薩問明品
보살문명품

第十
제십

佛徧虛空亦如
불변허공역여

生成滅壞無所
생성멸괴무소

無來無去徧
무래무거변

譬如空中無
비여공중무

不可盡見亦如是
불가진견역여시

量刹
량찰

十方
시방

依是
의시

是
시

知 지	心 심	端 단	趣 취	何 하	首 수	
受 수	心 심	正 정	惡 악	見 견	菩 보	爾 이
心 심	不 부	醜 추	趣 취	有 유	薩 살	時 시
不 부	知 지	陋 루	諸 제	種 종	言 언	文 문
知 지	業 업	苦 고	根 근	種 종	佛 불	殊 수
受 수	受 수	樂 락	滿 만	差 차	子 자	師 사
受 수	不 부	不 부	缺 결	別 별	心 심	利 리
不 부	知 지	同 동	受 수	所 소	性 성	菩 보
知 지	報 보	業 업	生 생	謂 위	是 시	薩 살
心 심	報 보	不 부	同 동	往 왕	一 일	問 문
因 인	不 부	知 지	異 이	善 선	云 운	覺 각

사경의 공덕은 십만억 부처님께 공양한 것과 같은 공덕이 있습니다.

是諸我仁　境不
故法如今時不知
彼無其問覺知緣
一作性是首智緣
切用答義菩　不
　　　　薩　知
各亦惟爲以　因
各無仁曉頌　智
不有應悟答　不
相體諦群曰　知
知性聽蒙　　境

사경의 공덕은 십만억 부처님께 공양한 것과 같은 공덕이 있습니다.

又 各 又 各 亦 各 譬
우 각 우 각 역 각 비
如 各 如 各 如 各 如
여 각 여 각 여 각 여
衆 不 長 不 大 不 河
중 불 장 불 대 부 하
地 相 風 相 火 相 中
지 상 풍 상 화 상 중
界 知 起 知 聚 知 水
계 지 기 지 취 지 수

展 諸 遇 諸 猛 諸 湍
전 제 우 제 맹 제 단
轉 法 物 法 焰 法 流
전 법 물 법 염 법 류
因 亦 咸 亦 同 亦 競
인 역 함 역 동 역 경
依 如 鼓 如 時 如 奔
의 여 고 여 시 여 분
住 是 扇 是 發 是 逝
주 시 선 시 발 시 서

사경의 공덕은 십만억 부처님께 공양한 것과 같은 공덕이 있습니다.　　　大方廣佛華嚴經　72

一	眼	是	法	以	眼	各
일	안	시	법	이	안	각
切	耳	中	性	此	耳	各
체	이	중	성	차	이	각
空	鼻	無	本	常	鼻	不
공	비	무	본	상	비	불
無	舌	能	無	流	舌	相
무	설	능	무	류	설	상
性	身	現	生	轉	身	知
성	신	현	생	전	신	지

妄	心	亦	示	而	心	諸
망	심	역	시	이	심	제
心	意	無	現	無	意	法
심	의	무	현	무	의	법
分	諸	所	而	能	諸	亦
분	제	소	이	능	제	역
別	情	現	有	轉	情	如
별	정	현	유	전	정	여
有	根	物	生	者	根	是
유	근	물	생	자	근	시

사경의 공덕은 십만억 부처님께 공양한 것과 같은 공덕이 있습니다.

如法若世　首眾
理眼實間　수증
而不若爾　菩生
觀思出時　薩云
察議實文　言何
　　間殊　佛如
　　　師　子來

一此若但利一隨
切見妄有菩切其
皆非假若薩時眾
無顚言言薩生
性倒妄說問　其隨
　　　　財　非其

사경의 공덕은 십만억 부처님께 공양한 것과 같은 공덕이 있습니다.

此차 伏복 諸제 隨수 其기 命명
是시 時시 衆중 其기 言언 隨수
樂락 財재 生생 思사 論론 其기
寂적 首수 中중 惟유 隨수 身신
滅멸 菩보 爲위 隨수 其기 隨수
薩살 現현 其기 心심 其기
多다 以이 其기 觀관 樂락 行행
聞문 頌송 身신 察찰 隨수 隨수
者자 答답 敎교 於어 其기 其기
境경 曰왈 化화 如여 方방 解해
界계 調조 是시 便편 隨수

사경의 공덕은 십만억 부처님께 공양한 것과 같은 공덕이 있습니다.

我為仁宣說 分別觀內身
若能如是解 此身安立處
諦了是假身 於身善觀察
知法皆虛妄

仁今應聽受 此中誰有我
彼達無我所 住處無方所
於中皆無明見
一切皆分別
不起心分別

世間所見法 念念常滅壞 衆報隨業生 諸法空無我 智者能觀察 猶如旋火輪 壽命因誰起

但以爲主心 如前後亦爾 如夢不眞實 永離一切一切 初後不有無 復因誰可退 知滅

隨世未能速　首
解間曾緣滅爾菩
取所有所不時薩
眾言一緣暫文言
相論法力停殊佛
　　　　師子
顛一得種念利一
倒切入種念菩切
不是於法悉薩眾
如分法出如問生
實別性生是寶等

사경의 공덕은 십만억 부처님께 공양한 것과 같은 공덕이 있습니다.

有유	有유	外외	受수	時시	隨수	作작
四사	受수	好호	後후	寶보	其기	者자
大대	苦고	少소	報보	首수	所소	無무
無무	受수	受수	然연	菩보	行행	所소
我아	樂락	多다	法법	薩살	業업	有유
無무	端단	受수	界계	以이		
我아	正정	或혹	中중	頌송	如여	諸제
所소	醜추	受수	無무	答답	是시	佛불
云운	陋루	現현	美미	曰왈	果과	之지
何하	內내	報보	無무		報보	所소
而이	好호	或혹	惡악		生생	說설

사경의 공덕은 십만억 부처님께 공양한 것과 같은 공덕이 있습니다.

譬現亦自又示如
如像如然如現機
淨各田能巧眾關
明不種出幻色木
鏡同子師幻相人

隨業各業在業能
其性不性各性出
所亦不亦四亦種
對如相如衝如種
質是知是道是聲

彼又體譬音亦彼
피우체비음역피
悉如相如聲如無
실여상여성여무
無在無胎各衆我
무재무태각중아
所地來藏不鳥非
소지래장부조비
從獄處中同類我
종옥처중동류아

業種業諸業從業
업종업제업종업
性種性根性殼性
성종성근성각성
亦諸亦悉亦而亦
역제역실역이역
如苦如成如得如
여고여성여득여
是事是就是出是
시사시취시출시

사경의 공덕은 십만억 부처님께 공양한 것과 같은 공덕이 있습니다.

大方廣佛華嚴經

譬如轉輪王　成就勝七寶
來處不可得　業性亦如是
又如諸世界　大火所燒然
此火無來處　業性亦如是
爾時文殊師利菩薩問德首菩薩言　佛子　如來所悟唯是一法　云何乃說無量諸法

사경의 공덕은 십만억 부처님께 공양한 것과 같은 공덕이 있습니다.

大方廣佛華嚴經

	別	邊	示	量	音	現
時	相	種	現	神	示	無
德	皆	種	無	通	無	量
首	不	境	量	普	量	刹
菩	可	界	殊	能	身	化
薩	得	而	勝	震	知	無
以		法	莊	動	無	量
頌		性	嚴	無	量	衆
答		中	顯	量	心	演
曰		此	示	世	現	無
			差	無	界	量

사경의 공덕은 십만억 부처님께 공양한 것과 같은 공덕이 있습니다.

佛子 所問 此義 譬如 地 無異性 亦 火 無分 亦 如 大海

智者 能 知 此 一念 一 智 無異 亦 如 火焰

甚深 難可了 德 常 樂 生 各 別 住 衆 諸佛 如是 能 燒 一切 物 諸佛 法 如是 波濤 千萬 異

水亦無 風亦無 雨亦非
種種殊 一風性 大雲 地
殊異 異念 無差別 有

諸佛法如是 能吹一切物 諸佛法如是 普雨一切地 諸佛法如是 能生種種芽 諸佛法如是

사경의 공덕은 십만억 부처님께 공양한 것과 같은 공덕이 있습니다.

如日光明 亦復如是 非如月 譬如其身 其
無雲翳 無異性 空中其處 往大梵王 如月 無別異 爾時文殊師利菩薩問
普照於十方 諸佛法如是 世間靡不見 諸佛法如是 應現諸佛法滿三千 諸佛法如是

種종	種종	家가		果과	一일	首수
種종	眷권	種종	所소	報보	無무	菩보
智지	屬속	種종	謂위	不부	異이	薩살
慧혜	種종	根근	種종	同동	云운	言언
而이	種종	種종	種종		何하	佛불
佛불	官관	種종	色색		而이	子자
於어	位위	財재	種종		見견	如여
彼피	種종	種종	種종		衆중	來래
其기	種종	種종	形형		生생	福복
心심	功공	主주	種종		布보	田전
平평	德덕	種종	種종		施시	等등

사경의 공덕은 십만억 부처님께 공양한 것과 같은 공덕이 있습니다.

亦 역	佛 불	又 우	於 어	譬 비	頌 송	等 등
如 여	福 복	如 여	彼 피	如 여	答 답	無 무
巧 교	田 전	水 수	無 무	大 대	曰 왈	異 이
幻 환	亦 역	一 일	怨 원	地 지		思 사
師 사	然 연	味 미	親 친	一 일		惟 유
						時 시
能 능	衆 중	因 인	佛 불	隨 수		目 목
令 령	生 생	器 기	福 복	種 종		首 수
衆 중	心 심	有 유	田 전	各 각		菩 보
歡 환	故 고	差 차	亦 역	生 생		薩 살
喜 희	異 이	別 별	然 연	芽 아		以 이

佛	如	佛	譬	佛	如	佛
불	여	불	비	불	여	불
福	阿	福	如	福	有	福
복	아	복	여	복	유	복
田	揭	田	淨	田	才	田
전	갈	전	정	전	재	전
如	陀	如	明	如	智	如
여	타	여	명	여	지	여
是	藥	是	鏡	是	王	是
시	약	시	경	시	왕	시
滅	能	隨	隨	令	能	令
멸	능	수	수	영	능	영
諸	療	心	色	衆	令	衆
제	료	심	색	중	령	중
煩	一	獲	而	悉	大	生
번	일	획	이	실	대	생
惱	切	衆	現	安	衆	敬
뇌	체	중	현	안	중	경
患	毒	報	像	樂	喜	悅
환	독	보	상	락	희	열

사경의 공덕은 십만억 부처님께 공양한 것과 같은 공덕이 있습니다.

譬비	佛불	譬비	佛불	亦역	佛불	亦역
如여	福복	如여	福복	如여	福복	如여
大대	田전	毘비	田전	淨정	田전	日일
火화	如여	藍람	亦역	滿만	如여	出출
起기	是시	風풍	然연	月월	是시	時시
能능	動동	普보	一일	普보	滅멸	照조
燒소	三삼	震진	切체	照조	除제	耀요
一일	有유	於어	處처	於어	諸제	於어
切체	衆중	大대	平평	大대	黑흑	世세
物물	生생	地지	等등	地지	暗암	間간

사경의 공덕은 십만억 부처님께 공양한 것과 같은 공덕이 있습니다.

色色 蘊온 諸제 生생 首수 　 佛불
界계 受수 煩번 得득 菩보 爾이 福복
無무 蘊온 惱뇌 見견 薩살 時시 田전
色색 想상 縛박 云운 言언 文문 如여
界계 蘊온 而이 何하 佛불 殊수 是시
無무 行행 得득 不부 子자 師사 　
明명 蘊온 出출 卽즉 佛불 利리 燒소
貪탐 識식 離리 悉실 敎교 菩보 一일
愛애 蘊온 然연 斷단 是시 薩살 切체
無무 欲욕 其기 一일 一일 問문 有유
有유 界계 色색 切체 衆중 勤근 爲위

사경의 공덕은 십만억 부처님께 공양한 것과 같은 공덕이 있습니다.

大方廣佛華嚴經 91

當	若	或	佛		有	差
당	약	혹	불		유	차
於	欲	有	子	時	利	別
어	욕	유	자	시	리	별
佛	求	速	善	勤	益	是
불	구	속	선	근	익	시
法	除	解	諦	首	或	則
법	제	해	체	수	혹	칙
中	滅	脫	聽	菩	無	佛
중	멸	탈	청	보	무	불
				薩	利	敎
				살	리	교
勇	無	或	我	以	益	於
용	무	혹	아	이	익	어
猛	量	有	今	頌		諸
맹	량	유	금	송		제
常	諸	難	如	答		衆
상	제	난	여	답		중
精	過	出	實	曰		生
정	과	출	실	왈		생
進	惡	離	答			或
진	오	리	답			혹

사경의 공덕은 십만억 부처님께 공양한 것과 같은 공덕이 있습니다.

譬火如火如於譬
비화여화여어비
如終人勢鑽佛如
여종인세찬불여
赫不持隨燧教微
혁불지수수교미
日可日止求法少
일가일지구법소
照得珠滅火中火
조득주멸화중화

孩懈不懈未懈樵
해해불해미해초
稚怠以怠出怠濕
치태이태출태습
閉者物者而者速
폐자물자이자속
其亦承亦數亦令
기역승역수역령
目然影然息然滅
목연영연식연멸

사경의 공덕은 십만억 부처님께 공양한 것과 같은 공덕이 있습니다.

於佛敎法中 又如劫火起 欲令盡乾竭 如以一毛端 徧射破大地 如人無手足 怪言何不觀

懈怠者亦然 欲以少水滅 懈怠者亦然 而取大海水 懈怠者亦然 欲以芒草箭 懈怠者亦然

사경의 공덕은 십만억 부처님께 공양한 것과 같은 공덕이 있습니다.

如有 而 首 有 一 法
有 言 菩 衆 而
見 普 爾 薩 切 不
虛 騰 時 言 煩 斷
空 躡 文 持 惱 者
　 殊 佛 正 何 隨
端 懈 師 子 故 故 貪
居 怠 利 如 復 瞋
不 者 菩 法 有 癡
亦 問 薩 悉 受 隨
搖 法 說 能 持 慢
動 然 若 斷 正

사경의 공덕은 십만억 부처님께 공양한 것과 같은 공덕이 있습니다.

非但以多聞 佛子善諦聽 內時法首菩薩 能起諸煩惱 誑隨諂勢力故 隨覆隨諂隨忿隨恨隨

能入如來法 所問如實義 以頌答曰 復於 轉無有 隨嫉隨

心行之 離心 隨慳隨

사경의 공덕은 십만억 부처님께 공양한 것과 같은 공덕이 있습니다.

大方廣佛華嚴經 96

如於如於如於如
人法人法人法人
數不善不設不水
他修方修美修所
寶行藥行膳行漂

自多自多自多懼
無聞疾聞餓聞溺
半亦不亦而亦而
錢如能如不如渴
分是救是食是死

사경의 공덕은 십만억 부처님께 공양한 것과 같은 공덕이 있습니다.

於	如	於	如	於	如	於
어	여	어	여	어	여	어
法	盲	法	聾	法	有	法
법	맹	법	롱	법	유	법
不	續	不	奏	不	生	不
불	계	불	주	불	생	불
修	衆	修	音	修	王	修
수	중	수	음	수	왕	수
行	像	行	樂	行	宮	行
행	상	행	악	행	궁	행
多	示	多	悅	多	而	多
다	시	다	열	다	이	다
聞	彼	聞	彼	聞	受	聞
문	피	문	피	문	수	문
亦	不	亦	不	亦	餒	亦
역	부	역	부	역	뇌	역
如	自	如	自	如	與	如
여	자	여	자	여	여	여
是	見	是	聞	是	寒	是
시	견	시	문	시	한	시

사경의 공덕은 십만억 부처님께 공양한 것과 같은 공덕이 있습니다.

譬如於如內　首爲
如法在自爾上
海不四無時首
船修衢實文如
師行道德殊來
　　　師子何
而於多不利於故
於聞廣不行佛或
海亦衆說菩法爲
中如好如亦薩中衆
死是事如問　　生
　　　智智

佛불		成성	終종	智지	忍인	讚찬
子자	時시	阿아	無무	慧혜	或혹	歎탄
甚심	智지	耨녹	有유	或혹	讚찬	布보
希희	首수	多다	唯유	復부	精정	施시
有유	菩보	羅라	以이	讚찬	進진	或혹
	薩살	三삼	一일	歎탄	或혹	讚찬
能능	以이	藐막	法법	慈자	讚찬	持지
知지	頌송	三삼	而이	悲비	禪선	戒계
衆중	答답	菩보	得득	喜희	定정	或혹
生생	曰왈	提리	出출	捨사	或혹	讚찬
心심		者자	離리	而이	讚찬	堪감

사경의 공덕은 십만억 부처님께 공양한 것과 같은 공덕이 있습니다.

多(다) 慳(간) 隨(수) 佛(불) 無(무) 過(과) 如(여)
瞋(진) 者(자) 其(기) 知(지) 有(유) 去(거) 仁(인)
爲(위) 爲(위) 所(소) 衆(중) 說(설) 未(미) 所(소)
讚(찬) 讚(찬) 應(응) 生(생) 一(일) 來(래) 問(문)
忍(인) 施(시) 受(수) 心(심) 法(법) 世(세) 義(의)

好(호) 毀(훼) 如(여) 性(성) 而(이) 現(현) 諦(체)
懈(해) 禁(금) 是(시) 分(분) 得(득) 在(재) 聽(청)
讚(찬) 者(자) 而(이) 各(각) 於(어) 諸(제) 我(아)
精(정) 讚(찬) 說(설) 不(부) 道(도) 導(도) 今(금)
進(진) 戒(계) 法(법) 同(동) 者(자) 師(사) 說(설)

사경의 공덕은 십만억 부처님께 공양한 것과 같은 공덕이 있습니다.

譬 비	施 시	如 여	如 여	憂 우	不 불	亂 난
如 여	戒 계	先 선	是 시	感 척	仁 인	意 의
建 건	亦 역	立 립	次 차	爲 위	讚 찬	讚 찬
城 성	復 부	基 기	第 제	讚 찬	慈 자	禪 선
郭 곽	然 연	堵 도	修 수	喜 희	愍 민	定 정
爲 위	菩 보	而 이	漸 점	曲 곡	怒 노	愚 우
護 호	薩 살	後 후	具 구	心 심	害 해	癡 치
諸 제	衆 중	造 조	諸 제	讚 찬	讚 찬	讚 찬
人 인	行 행	宮 궁	佛 불	歎 탄	大 대	智 지
衆 중	本 본	室 실	法 법	捨 사	悲 비	慧 혜

사경의 공덕은 십만억 부처님께 공양한 것과 같은 공덕이 있습니다.

首수		四사	亦역	定정	譬비	忍인
菩보	爾이	等등	如여	慧혜	如여	進진
薩살	時시	亦역	轉전	亦역	大대	亦역
言언	文문	如여	輪륜	如여	力력	如여
佛불	殊수	是시	王왕	是시	王왕	是시
子자	師사					
諸제	利리	與여	能능	菩보	率솔	防방
佛불	菩보	諸제	與여	薩살	土토	護호
世세	薩살	菩보	一일	所소	咸함	諸제
尊존	問문	薩살	切체	依의	戴대	菩보
唯유	賢현	樂락	樂락	賴뢰	仰앙	薩살

사경의 공덕은 십만억 부처님께 공양한 것과 같은 공덕이 있습니다.

以一同伏法切三
一切佛所住体菩
道佛謂量各法提
而土世光有而者
得所界明差成
出有衆神別阿
離衆生通無耨
云事界衆有多
何種說會不羅
今種法教具三
見不調儀一藐

사경의 공덕은 십만억 부처님께 공양한 것과 같은 공덕이 있습니다.

大方廣佛華嚴經 104

得득	如여	一일	一일	一일	文문	
如여	本본	心심	切체	切체	殊수	時시
是시	趣취	一일	諸제	無무	法법	賢현
刹찰	菩보	智지	佛불	礙애	常상	首수
土토	提리	慧혜	身신	人인	爾이	菩보
						薩살
衆중	所소	力역	唯유	一일	法법	以이
會회	有유	無무	是시	道도	王왕	頌송
及급	廻회	畏외	一일	出출	唯유	答답
說설	向향	亦역	法법	生생	一일	曰왈
法법	心심	然연	身신	死사	法법	

사경의 공덕은 십만억 부처님께 공양한 것과 같은 공덕이 있습니다.

大方廣佛華嚴經

一切諸佛刹　佛身無異刹
隨衆生心樂　如是見不同

佛刹與諸佛　衆生及諸佛
體性皆無異　如是見清淨

如其心清淨　莊嚴諸刹土
如是見諸佛　具足衆莊嚴

其心已明達　莫能及衆會
所行佛清淨　莫及能見說

如是心明達　衆會莫能及
於此乃能具觀足

隨衆生心樂　及以此業果力

常 상	一 일	非 비	以 이	但 단	佛 불	如 여
見 견	切 체	一 일	是 시	隨 수	刹 찰	是 시
人 인	諸 제	切 체	於 어	衆 중	無 무	見 견
中 중	世 세	如 여	世 세	生 생	分 분	差 차
雄 웅	界 계	來 래	界 계	心 심	別 별	別 별

諸 제	所 소	大 대	所 소	如 여	無 무	此 차
佛 불	應 응	仙 선	見 견	是 시	憎 증	佛 불
法 법	受 수	之 지	各 각	見 견	無 무	威 위
如 여	化 화	過 과	差 차	有 유	有 유	神 신
是 시	者 자	咎 구	別 별	殊 수	愛 애	故 고

사경의 공덕은 십만억 부처님께 공양한 것과 같은 공덕이 있습니다.

入是境暢說菩
何佛界如已薩爾
等境何來唯言時
是界等所願佛諸
佛度是有仁子菩
境何佛境者我薩
界等境界以等謂
智是界何妙所文
何佛因等辯解殊
等境何是才各師
是界等佛演自利

如	曰		等	境	何	佛
來		時	是	界	等	境
深		文	佛	證	是	界
境		殊	境	何	佛	法
界		師	界	等	境	何
		利	廣	是	界	等
其		菩		佛	知	是
量		薩		境	何	佛
等		以		界	等	境
虛		頌		現	是	界
空		答		何	佛	說

사경의 공덕은 십만억 부처님께 공양한 것과 같은 공덕이 있습니다.

智지	世세	如여	隨수	億억	如여	一일
身신	間간	是시	其기	劫겁	來래	切체
無무	諸제	度도	心심	常상	深심	衆중
有유	國국	衆중	智지	宣선	境경	生생
色색	土토	生생	慧혜	說설	界계	入입

非비	一일	諸제	誘유	亦역	所소	而이
彼피	切체	佛불	進진	復부	有유	實실
所소	皆개	之지	咸함	不불	勝승	無무
能능	隨수	境경	令령	能능	妙묘	所소
見견	入입	界계	益익	盡진	因인	入입

사경의 공덕은 십만억 부처님께 공양한 것과 같은 공덕이 있습니다.

大方廣佛華嚴經 110

諸佛如法一一佛非
佛是界切切智識
智慧眾悉世皆所
自境生了界隨能
在界知中了識

三平究此所亦亦
世等竟是有非無非
無如無如諸如亦心
所虛差來音諸有境
礙空別境聲分別界

사경의 공덕은 십만억 부처님께 공양한 것과 같은 공덕이 있습니다.

其性本清淨
非業非煩惱
無照無所行
一切生心念
如來於眾生
爾時此娑婆
眾生所有法
差別業差別
世界中一明
一切悉三世
普在等世間
平等無物住
無諸群處生
開示諸群生

사경의 공덕은 십만억 부처님께 공양한 것과 같은 공덕이 있습니다.

大方廣佛華嚴經 112

不 불	可 가	由 유	皆 개	別 별	差 차	間 간
可 가	數 수	他 타	明 명	國 국	別 별	差 차
說 설	不 불	無 무	現 현	土 토	持 지	別 별
盡 진	可 가	數 수	如 여	果 과	戒 계	身 신
法 법	稱 칭	無 무	是 시	差 차	果 과	差 차
界 계	不 불	量 량	東 동	別 별	差 차	別 별
虛 허	可 가	無 무	方 방	以 이	別 별	根 근
空 공	思 사	邊 변	百 백	佛 불	犯 범	差 차
界 계	不 불	無 무	千 천	神 신	戒 계	別 별
一 일	可 가	等 등	億 억	力 력	果 과	受 수
切 체	量 량	不 불	那 나	悉 실	差 차	生 생

사경의 공덕은 십만억 부처님께 공양한 것과 같은 공덕이 있습니다.

大方廣佛華嚴經

世界中所有眾生法差別乃至國土果差別悉以佛神力故分明顯現南西北方四維上下亦復如是

發 願 文

귀의 삼보하옵고

거룩하신 부처님께 발원하옵나이다.

주　소 : _____

전　화 : _____　불명 : _____　성명 : _____

불기 25_____년 _____월 _____일